Empiece a practicar la meditación de la Cabalá

SERIE DE MEDITACIÓN

Eliel Roshveder

sitio

www.triangulodouradolamech.com.br

Vatios: 47984867563

Correo electrónico: elielroshveder@yahoo.com.br

Envíame tu relato de experiencia en meditación, porque te ayudaré a comprender las experiencias místicas según el arquetipo que se encuentra en la experiencia espiritual.

Prometo confidencialidad.

Sumário

INTRODUCCIÓN

Es una pérdida de tiempo estudiar Cabalá y no practicar la meditación. La Cabalá es una fórmula creada para que te pongas en contacto con lo divino, pero la gente en occidente no lo entiende. Quiere aprender Cabalá para hacerse rico o ver su suerte...

Esta persona nunca entenderá la Cabalá, ya que básicamente es una práctica de ascesis para que te pongas en contacto con lo divino y para esto los cabalistas crearon varias meditaciones que llamamos Devekut, el encuentro con lo divino, alrededor del Edén original.

La esencia de todo está en el árbol de la vida del Edén, el Sephiroth de la Cabalá. De hecho, Sephiroth mismo es el jardín del Edén y en su centro está Daath, el árbol del conocimiento del bien y del mal, tu derecho a elegir entre la luz y la oscuridad, tu libre albedrío.

Sin embargo Daath no es solo eso, también es el calvario que atraviesas para encontrar la luz y en este mirador Daath se convierte en el centro del jardín, pues dependiendo de cada prueba puedes ir de un Sephira a otro hasta llegar a Kether, el corona, y con eso es Daath, tu derecho de elección que te mueve a través de los vórtices de energía hasta llegar al trono del Creador.

Pero, ¿cómo vamos a evolucionar si no entendemos lo que lo divino quiere para nosotros?

Para eso es la meditación.

Este libro le enseñará algunas prácticas de meditación y si realmente quiere entender la Cabalá practíquelas o este libro será inútil para usted.

Un libro es solo una ventana para ver lo divino, si no atraviesas la ventana y te sumerges en lo divino, serás el que solo ve, pero no llegará al paraíso celestial.

Será como Moshé que murió al ver la tierra prometida pero no pudo entrar.

Por supuesto, Moshé se encuentra ahora en el paraíso celestial, pero no pudo entrar en la tierra de Canaán porque estaba enojado con el pueblo de Israel.

CAP I

EMPEZAR A PRACTICAR LA MEDITACIÓN KABAL

Los elegidos de los 144.000 ya están esparcidos por la tierra y llegará el momento en que el Creador enviará a su arcángel Abrael, desconocido para muchos, a tocar la trompeta y llamar a los elegidos de los cuatro rincones de la tierra. Sonará la séptima trompeta, también dijo la última trompeta y luego se revelará el misterio que estuvo con la humanidad desde el principio, los príncipes del infinito que gobernarán un imperio celestial, los 144.000 elegidos, despertarán y luego la tierra verá Aishins, ángeles físicos.

El mundo lo espera, toda la creación lo espera, el reino del Creador desciende sobre la tierra...

Cuando los 144.000 sean sellados, la tierra pasará a una dimensión de luz, pero antes de que reine con el Mesías por mil años habrá un tiempo de ira de caos, 7 años y con eso la tierra temblará y vendrá mucho dolor.

La misión de este libro es despertar lo que ya existe dentro de ti, puedes ser uno de los 144.000... Practicar la meditación entenderá si lo estás... Pero si no vas a la meditación también te ayudará si estás de la iglesia y de la gran muchedumbre de Efraín Israel.

Cuando respiras en meditación, es muy diferente de la respiración ordinaria, ya que las subpartículas del aire ingerido en la meditación entrarán en tu cuerpo y moldearán tu ADN, retirarán nuestro ego, nuestro yo material e insertarán el yo trascendental, el yo. el yo en nuestro cuerpo físico, más allá de la materia.

Ya no se trata de aire, sino de gotas de luz inspiradas en la meditación.

La Cabalá estudia los cuatro estados de materia, agua, fuego, tierra y aire y cada uno de estos estados puede trascender la materia cuando estamos conectados con lo divino y podemos crear el templo del Eterno en nuestra vida.

Conocemos el ritual del agua, el bautismo, también el de la tierra, que es la materialidad, el templo terrenal y los objetos sagrados como la Torá. También conocemos el rito del fuego, tanto la vela de Shabat como cualquier llama encendida con carácter votivo. En la meditación, trabajamos sobre el elemento aire, el cuarto estado de la materia, y es en el aire donde aparece el quinto elemento, el éter. El éter es un estado de materia más puro y fluido que nos conecta con dimensiones etéricas superiores que forman el mundo de los espíritus.

Meditar es transmutar la respiración usando el elemento aire para elevar nuestra alma hacia el éter, el quinto estado de la materia donde nuestra experiencia se convierte en un estado trascendental, escapando del estado físico y elevando nuestra alma al nivel de Shaia y Yeshida conectándose con lo divino. . Los 144.000 nacieron con asedio mental y espiritual, pero en la meditación los elegidos se liberan de las ataduras y comienzan a conocer lo divino, lo sobrenatural.

Respirar es como un río que desemboca en el infinito. Nadie vive sin respirar, del mismo modo que el río corre sin cesar hacia el mar. Meditar es fluir como un río y en este caso el mar es el Eterno, el Creador, la fuente de toda vida.

El primer paso de la meditación como se mencionó es la respiración. Respirar es la entrada al mar cósmico, el mar del que surgimos. La respiración que respiramos está conectada con el Ruach, nuestro espíritu. La respiración es el río que fluye hacia el mar, pero el mar es la fuente de todo y este río tiene un carril doble como la marea que sube y baja. Cuando liberamos el aire estamos fluyendo hacia el mar infinito, hacia la fuente de la vida y cuando aspiramos el aire, el Eterno viene en cada gota de aliento que se inhala, en cada gota de vida que fluye desde la fuente de la Vida.

Vivimos nuestro día a día de forma desordenada y no nos detenemos a encontrar nuestro yo interior. Cuando meditamos estamos accediendo a este yo interior y la respiración es el comienzo del camino.

Siéntese en un lugar tranquilo dentro de su casa o en la naturaleza y comience a inhalar y exhalar. Podría enseñarte a inhalar aire por la nariz y exhalar por la boca o viceversa, pero cuando practicamos la respiración, esto no es importante, solo es importante cuando trabajamos en un Chakra específico en la meditación. Entonces, para comenzar, elija si desea aspirar aire por la nariz o por la boca.

Lo importante es tomarse un tiempo para respirar y sentir el aire entrando y saliendo. Con el tiempo, comience a entrenar su respiración reteniendo el aire por un tiempo antes de soltarlo.

El primer paso de la meditación es la respiración, es el comienzo de todo, es la zambullida en el mar cósmico, nuestra unión con lo divino.

El acto de respirar abre portales en nuestro cuerpo, uniendo cuerpo, espíritu y alma, ya que cada gota de aire está imbuida de una luz etérica que actúa en nuestro cuerpo.

Cuando meditamos en conexión con lo divino, estas gotas de aire se vuelven diferentes, comienzan a ser modificadas por la luz y comienzan a actuar en nuestro ADN.

El aliento alcanza la dimensión etérica, toca la luz infinita del Creador presente en cada gota de aire.

El aire es solo uno de los elementos de la naturaleza, pero nos conecta con el cuerpo etérico, con el cuerpo de sentimientos y placeres. Entonces, meditar nos lleva a una dimensión más sutil, más allá de la materia y la impureza.

Practicar la respiración todos los días, calma, ayuda a aliviar el estrés, la causa de la mayoría de las muertes en la actualidad, ya que genera ataques cardíacos y accidentes cerebrovasculares que cosechan millones en el planeta.

Respirar es muy importante, todo el mundo respira, pero respirar de forma controlada y mesurada nos hace tener un control total del cuerpo y alejarnos de los males que aquejan al ser humano actual.

El reino del cuerpo físico está en la respiración. En este acto sagrado está el encuentro de lo físico con lo sobrenatural, porque en la Cabalá el Ruaj, espíritu divino, el mismo espíritu de la creación se transmite en la respiración, en el acto de respirar.

El acto sublime de respirar nos calma y nos acerca a lo divino. Recorremos el camino del río de la vida hacia el mar de luz que es la fuente de todo.

CAP II

MEDITACIÓN DE JOB

Y ahora mi alma se derrama en mí; los días de aflicción se apoderaron de mí.

JOB 30:16

En otra traducción:

Ahora mi vida está vacía.

La meditación de Job es una autorreflexión, una búsqueda dentro del yo. En él tratas de encontrar explicaciones para el sufrimiento cuestionando al Creador en la mente, pero sin blasfemar. Te vacías diciéndole al Creador tus pecados, porque sabes que solo él es la plenitud.

La situación de la humanidad es terrible, paro, miseria, hambre, divorcios, peleas domésticas, apenas encontramos la plenitud del ser, solemos sufrir mucho, mucho. En la meditación de Job arrojas tu sufrimiento frente al Creador, le cuentas todo como si fuera un amigo. El Creador que ve todo actuará, pero actúa de formas que no entendemos y, a veces, pensamos que nos ha abandonado.

Siéntese en el suelo en el rincón más tranquilo de su casa y comience a respirar. Respire con calma solo por la nariz. Después de un tiempo, cuando aspire aire por la nariz, hable solo en su mente el nombre divino Adonai. Cuando suelte la respiración, piense en la palabra Kadosh en su mente.

Kadosh significa santo y Adonai Kadosh significa que el Señor es Santo o Santo es el Señor.

Continúe meditando con calma y cuando todo esté tranquilo en la mente, dígale al Creador su dolor, la razón de su sufrimiento.

Solo cuenta en la mente, sin usar la voz y tu Divino Padre que está escondido te escuchará, te recompensará.

Por supuesto que la respuesta puede Tomamos tiempo, pero cuando terminemos de orar la respuesta ya estará en nuestra alma, pero solo la digeriremos físicamente en el momento adecuado.

Descarga tu dolor al Creador. Los elegidos del Apocalipsis son atacados todo el tiempo por las fuerzas del caos y por eso hay que fortalecerlos en la meditación.

Conviértete en un Aishim de Naftali conociendo los secretos divinos, él quiere revelarte sus secretos.

CAP III

MEDITACIÓN HITBODEDUT

Esta meditación Hitbodedut fue practicada por antiguos cabalistas durante siglos. Hoy se ha simplificado y convertido en oración personal y meditación común, pero no debemos confundir y mezclar las diversas formas de meditación.

La meditación Hitbodedut original se practicaba en la naturaleza donde el kabbalista trataba de dejar la materia, sin dejar el cuerpo, sino tratando de dejar la materia aislándose del mundo físico y entrando en unidad con lo divino.

Esta meditación se diferencia de la meditación Devekut en que en Devekut el adepto mantiene el control de la meditación a través de expresiones reflexivas, palabras clave y en Hitbodedut el cabalista entra en contacto con lo divino tratando de salir de la conciencia física y entrar en la iluminación, en contacto con lo divino. En esta etapa, toda la materia física densa deja de ser y la persona entra en una espiral de luz hacia lo divino.

¿Cómo puede el principiante entrar en esta forma más avanzada de meditación? El primer paso es buscar lugares en la naturaleza como los cabalistas. En la naturaleza tu alma viaja y entra en contacto con el Creador de todo.

Practica la meditación común en la naturaleza poniéndote en contacto con lo divino, cuando ocurre Hitbodedut, vendrá naturalmente, acoplando la conciencia del alma a la conciencia física. Con esto, el mundo carnal pierde su razón de ser y comienzas a percibir lo divino en todo su esplendor y majestad.

Este proceso debería ser tan común como andar en bicicleta. Cuando eso suceda, olvídate de la meditación ordinaria y deja que la espiral de luz te domine poniéndote en contacto directo con lo divino.

Es algo que viene de adentro, no de la conciencia humana, sino de la manifestación de Ruach Kadosh.

Practica la meditación en la naturaleza y deja que tu alma se haga cargo. Con el tiempo, todas las preocupaciones carnales darán paso a la luz divina.

No es tan fácil, escribir, hablar, practicar la meditación ordinaria es fácil, todo está en los libros, pero conectarse con lo divino es algo que llega con el tiempo.

La meditación trascendental puede ayudar; En este proceso, te imaginas en un lugar sagrado o en la naturaleza, incluso si estás en tu habitación, desconectando tu mente de la materia física, del consciente limitado y conectado a la vida cotidiana. Esta puede ser una forma de llegar a Hitbodedut, pero la forma más fácil es meditar en la naturaleza, buscar una montaña, una playa desierta, una fuente de agua, ya sea un río, un lago o el mar, y tratar de dejar ir las labores diarias. preocupaciones. En la naturaleza esto es mucho más fácil ya que nuestra alma, NEFESH, percibe la naturaleza, se conecta fácilmente con la naturaleza circundante.

Esta meditación se acerca a la meditación india Samadhi, considerada una meditación profunda, dejando la materia física e integrándose en lo divino, lo sobrenatural.

En Hitbodedut reconoces la superioridad divina y entiendes que no necesitas pedir nada, que todo ya está bajo el control divino y en el momento oportuno su bendición, todo lo que te prometió y lo que quieres te llegará.

Cuando llegues a esta etapa notarás que de nada sirve repetir la misma oración mil veces, porque él tiene el control de todo y la respuesta llegará en el momento oportuno.

Hitbodedut es también oración, oración no con la conciencia física, sino con la conciencia del alma entendiendo la voluntad divina sobre la humanidad y el planeta y no solo sobre nuestra vida.

Éramos parte de un proceso, es difícil para los occidentales entender eso, siempre queremos algo para nosotros y rara vez pensamos en el siguiente.

Cuando practiquemos esta meditación y oración por los demás, por el mundo enfermo, daremos un gran salto hacia la luz y luego sucederá lo que dijo el rabino Yeshua:

____ Si estás en mí y mis palabras en ti, pedirás al Padre lo que quieras en mi nombre y él te lo dará.

Nadie entiende esto en Occidente, la persona piensa que es solo cuestión de preguntar, pero no entiende que todo es parte de un proceso, el reino del Eterno brilla, brilla en este mundo podrido y entonces la luz dominará y el mal huirá.

Mientras nuestro egoísmo nos impida ver esto, siempre estaremos atrapados en el mismo lugar, como el barquero remando contra la corriente. Hitbodedut enseña al hombre a sumergirse en este proceso, a comprender este secreto divino.

Este proceso debería ser tan común como andar en bicicleta. Cuando eso suceda, olvídate de la meditación ordinaria y deja que la espiral de luz te domine poniéndote en contacto directo con lo divino.

Es algo que viene de adentro, no de la conciencia humana, sino de la manifestación de Ruach Kadosh.

La meditación hitbodedut también tiene un significado más profundo, una dimensión más pura. En este caso la naturaleza no es la diferencial y sí nuestro estado de ser. Cuando nos enfrentamos a un problema irresoluble que afecta a nuestra alma y no hay salida, este proceso de Hitbodedut, de estado de ser, es el hecho de meditar, fijarse en la luz divina, dejando a un lado todo sufrimiento y todos los problemas.

Fija tu alma en la luz en el momento de mayor dolor, porque el mundo es fugaz y una mentira, el mundo es un fraude, solo importa la luz del Creador.

Fija tus ojos en la luz interior, en la luz tan pura que el mal no puede tocar.

Los problemas no son nada comparados con la pureza de esta luz.

Esta meditación de escapar de los problemas no es en realidad un escape, sino encontrar el mundo del 99% huyendo del mundo limitado del 1%.

Cuando Jacob huyó de su tierra tuvo miedo de su hermano Esaú, pero cuando durmió junto a una roca se olvidó del sufrimiento y el dolor y entró en un estado de luz, un estado de Hitbodedut, luego vio la escalera de los ángeles, los ángeles subieron y por esta escalera.

La luz que vio y sintió fue mayor que sus problemas, y eso es Hitbodedut, es decir, integrarse con lo divino.

Los problemas y los sufrimientos son ilusiones, la verdad está en la meditación, está en la luz que llega a nuestra alma con un impacto poderoso que nos quita el habla y borra todo dolor. Los 144.000 elegidos practicarán todas estas meditaciones poniéndose en contacto con lo divino directamente sin la intermediación de ministros religiosos.

Practica las meditaciones en este trabajo, si eres elegido, la luz te alcanzará con profundo impacto...

www.pixabay.com

CAP IV

LA MEDITACIÓN DEVEKUT

Cuando la respiración se acelera y su mente está relajada, por lo que es importante concentrarse en la respiración y los pensamientos inútiles desaparecen, comience a practicar las palabras mágicas que lo conectan con lo divino. Hay dos formas de meditación, verbal y mental. En verbal, pronuncias la palabra clave cuando la sueltas, y en mental, pronuncias la palabra solo en tu mente sin usar tu voz.

Úselo para iniciar la técnica verbal y cuando suelte el aliento, en cuyo caso tendrá que soltarlo por la boca, pronuncie la palabra Emet Adonai o Emet Elohim.

Utilice la palabra clave tantas veces como desee, cuánto tiempo puede permanecer de pie en meditación.

Es posible que los resultados no sucedan de inmediato, pero con el tiempo verás la diferencia tanto en tu sueño como en tu vida diaria, surgirá una conexión con el Eterno y comenzará a guiar tu vida, sucederán milagros.

En la meditación mental, succionas aire por la boca y hablas sin usar la voz, solo en el pensamiento, la palabra pey, que significa boca.

Mantiene el aire en sus pulmones y usa su pensamiento para pronunciar la palabra lev, que significa corazón.

Mantenga el aire todo el tiempo que pueda, pronunciando lev en pensamiento. Cuando suelta el aire, pronuncia la palabra la 'asto, que también significa hacer solo con el pensamiento.

En este caso puedes exhalar por la nariz, no uses la boca, porque no usarás la palabra hablada, sino la pensada.

Esta forma de meditación es la meditación Devekut de la Cabalá, unión con el Creador, los rabinos cabalistas han logrado mucho poder a lo largo de los siglos usando esta forma de meditación.

Hay otras formas de meditar, pero puedes empezar con estas dos.

La entrada al mundo celestial del 99% sucederá gradualmente, pero pronto comenzarás a ver los resultados.

Durante la caminata contemplativa debes aprender a descifrar la voz de Satanás que te llevará al error y la voz del divino Ruach que te mostrará el camino correcto, esto es muy importante para que encuentres el camino a la eternidad.

La voz de Satanás siempre te llevará al pecado y los placeres mortales, la voz del Eterno te llevará a ayudar a los demás, a una cadena proactiva donde la luz te encontrará y las bendiciones comenzarán a aparecer de una manera fantástica.

La voz del Eterno te llevará a meditar y entrar en unidad con el Creador, viendo el mundo desde otra perspectiva, entonces tendrás todas las bendiciones del universo, ya sean físicas o materiales.

CAP V

RESPIRACIÓN

El primer paso de la meditación es respirar. Respirar es la entrada al mar cósmico, el mar del que surgimos. La respiración que respiramos está conectada con el Ruach, nuestro espíritu.

Vivimos nuestro día a día de forma desordenada y no nos detenemos a encontrar nuestro yo interior. Cuando meditamos estamos accediendo a este yo interior y la respiración es el comienzo del camino.

Siéntese en un lugar tranquilo dentro de su casa o en la naturaleza y comience a inhalar y exhalar. Podría enseñarte a inhalar aire por la nariz y exhalar por la boca o viceversa, pero cuando practicamos la respiración, esto no es importante, solo es importante cuando trabajamos en un Chakra específico en la meditación. Entonces, para comenzar, elija si desea aspirar aire por la nariz o por la boca.

Lo importante es tomarse un tiempo para respirar y sentir el aire entrando y saliendo. Con el tiempo, comience a entrenar su respiración reteniendo el aire por un tiempo antes de soltarlo.

El primer paso de la meditación es la respiración, es el comienzo de todo, es la zambullida en el mar cósmico, nuestra unión con lo divino.

El acto de respirar abre portales en nuestro cuerpo, uniendo cuerpo, espíritu y alma, ya que cada gota de aire está imbuida de una luz etérica que actúa en nuestro cuerpo.

Cuando meditamos en conexión con lo divino, estas gotas de aire se vuelven diferentes, comienzan a ser modificadas por la luz y comienzan a actuar en nuestro ADN.

El aliento alcanza la dimensión etérica, toca la luz infinita del Creador presente en cada gota de aire.

El aire es solo uno de los elementos de la naturaleza, pero nos conecta con el cuerpo etérico, con el cuerpo de sentimientos y placeres. Entonces, meditar nos lleva a una dimensión más sutil, más allá de la materia y la impureza.

Uno de los 144.000 no sigue pastores ni guías espirituales, su guía está en el alma, es el Ruach Kadosh, el espíritu del Eterno. ¿Cómo contactar con él? En la meditación y el primer paso en la meditación es controlar la respiración.

En la meditación de la Cabalá, una persona se pone en contacto con lo divino y aprende su misión en la tierra. ¿Por qué estamos aquí y hacia dónde vamos? Respirar responde a estas preguntas de metafísica y eso es fantástico.

Aquel que es elegido para ser uno de los 144.000 cuando comienza a meditar sobre el cosmos se abre ante él como la flor que florece y como el pájaro que hace su primer vuelo fuera de su nido.

CAP VI

LAS PRIMERAS FRUTAS

Las primicias del Eterno están en la tierra para luchar por su reino contra las fuerzas del caos. El Eterno sacará a la iglesia de la tierra, pero no abandonará a Israel su pueblo, dejará la Orden de Benjamín para luchar por Israel y también los 144.000 elegidos que serán sellados para predicar a todo el pueblo de Israel, todos las tribus dispersas en el planeta.

Cuando los 144.000 abandonen Sión, vendrán con poder sobrenatural para luchar contra el Anticristo y predicarán el evangelio del reino a todos los hijos de Israel esparcidos por todo el mundo.

Una nueva revolución comenzará en la tierra ya destruida por la Tercera Guerra Mundial, porque en este período la Tercera Guerra Mundial se desarrollará en todo el planeta.

Con el final de la Tercera Guerra Mundial y el control del Anticristo sobre el mundo entero asegurado, usará su poder para marchar contra Israel y los 144.000 israelitas elegidos.

La batalla será feroz, pero el Anticristo será eliminado cuando Yeshua mismo descienda al planeta. Yeshua peleará en la batalla de Harmagedom eliminando a millones de personas en un solo segundo, cuando golpee al Ejército de la Muerte.

Entonces él hará su combate contra el Anticristo que se derretirá como la sal antes que el agua. Como no muere, es inmortal, será arrojado vivo al lago de fuego junto con el Falso Profeta y la Bestia; Esta es la segunda muerte.

Después de este violento enfrentamiento en el que morirán millones los elegidos del Eterno poseerán la tierra, hablo de los 144.000, serán príncipes del Eterno en la tierra y serán sus profetas enseñando a las naciones sobre el Creador y su ungido, Yeshua.

La tierra sufrirá un cambio radical, de la destrucción surgirá un paraíso de luz.

Mil años de paz, mil años en los que la tierra será la base para crear un reino en todo el universo utilizando la tecnología de los querubines.

El imperio de Yeshua se extenderá por varios mundos del cosmos y los 144,000 elegidos y otros elegidos llevarán el mensaje del Eterno a otros mundos y dimensiones.

CAP VII

EL SELLO DE ELOHIM

2 Y vi a otro ángel que ascendía del lado del sol naciente, y tenía el sello del Dios viviente; y clamó a gran voz a los cuatro ángeles, a quienes se les había dado poder para dañar la tierra y el mar,

Apocalipsis 7, 2

Los sellos colocados por los ángeles sobre los 144.000 harán que los 144.000 sean inmortales, inmunes a los poderes del ejército del Anticristo y a la muerte. El ejército del Anticristo estará formado por humanos que lo seguirán, y el ejército de la muerte estará formado por demonios que invadirán la tierra en masa en el gobierno del Anticristo para luchar por él.

Los 144.000 elegidos recibirán el sello del Dios viviente en sus frentes. Ejércitos de ángeles comandados por este poderoso ángel, el príncipe de la guardia de los sellos, se encontrarán con los elegidos en todo el mundo al comienzo de la gran tribulación, le colocarán el sello y luego lo llevarán a Irak, donde estarán preparado para entrar en el refugio del Edén.

El sello generalmente se coloca primero en el plano espiritual. Un ángel poderoso o uno de los 24 ancianos del Apocalipsis se acerca a la persona en el reino espiritual y sumerge sus dedos en una botella de aceite escribiendo con un dedo húmedo en la frente de las dos letras elegidas que son las iniciales del nombre de el padre y el hijo. La persona que monta comienza a recibir dones y atributos del Eterno que lo prepara poco a poco para su misión al final.

Empieza a recibir información directamente en el alma, porque es elegido. El asedio contra él también se forma, se vuelve feroz. Los ángeles caídos intentan sacar a los elegidos de la presencia del Eterno formando una marca ajustada, pero los elegidos se están preparando poco a poco, así como Cristo fue preparado para su misión en la tierra.

Cuando ocurra el rapto de la iglesia, la mayoría de los elegidos ya tendrán el alma despierta para la misión que vendrá a continuación, pero en los países del este donde la verdad de Yeshua aún no ha entrado, los descendientes de las tribus de Israel. los que viven allí no tendrán tanto poder de discernimiento. Se prepararán rápida y brutalmente en los 40 días que vendrán después del Rapto, cuando el mundo vivirá en una gran tribulación.

El dolor en el planeta será intenso, porque con la desaparición de millones de personas con el rapto de la iglesia, la humanidad estará confundida y aterrorizada por lo oculto y es en este escenario de caos que los elegidos del ESTE serán conmovidos. por ángeles y visitado físicamente por los arcángeles Aishins. En unos días sabrá que es descendiente de Israel y que está llamado a seguir al creador en una importante misión del fin. La mayoría de estos elegidos de Oriente hoy son musulmanes, ya que las tribus de Israel en esa región viven en el medio musulmán, pero cuando reciben la misión directamente de los ángeles serán felices, ya que los musulmanes han aprendido a ser sumisos al Creador. Sin embargo, habrá resistencia en sus mentes, ya que tendrán que trabajar para Israel y hoy están en contra de la nación de Israel. Cuando reciban el sello, dejarán la religión islámica como parte de la comunidad mística mesiánica de Israel. LA COMUNIDAD DE ISRAEL ESPIRITUAL SE EXTIENDE POR EL MUNDO.

Las iglesias gentiles predicaron la teología del reemplazo defendiendo la tesis de que Israel fue reemplazado por la iglesia, quienquiera que predique esto nunca ha leído la Biblia, porque está escrito, incluso si una madre olvida a su hijo no te olvidaré, Adonai le habló a Israel. El Creador también dijo que incluso si fuera posible contar las estrellas del cielo, no se olvidaría de su gente.

Los 144.000 elegidos es el fenómeno del comienzo del nuevo Israel Eterno, ya que serán los príncipes que luego reunirán a la gran multitud de Israel en la tierra.

Estas tribus orientales están en contra de la nación israelí debido al radicalismo islámico, pero saben por sus ancestros que derivan de las tribus perdidas de Israel.

Alejandro el Grande llevó a las tribus israelitas de Samaria a la región de India, Pakistán, Afganistán y Cachemira para construir ciudades en su honor, ya que los israelitas eran constructores. Hoy hay un sustrato muy profundo de Israel en la región y las tribus de la India ya están regresando a Israel, las tribus de los países vecinos solo harán eso en la gran tribulación.

CAP VIII

LA ESENCIA MODIFICADA DEL ADN

Los 144.000 elegidos son la esencia modificada del ADN de Israel. Teóricamente el ADN de las tribus originales de Israel se perdió debido a migraciones y mezclas con otros pueblos, pero los 144.000 tendrán su ADN transformado por un poder divino resaltando solo los dones y esencias que los vinculan al ADN de cada tribu por lo cual el fue llamado electo.

Y después de estas cosas vi cuatro ángeles de pie en los cuatro ángulos de la tierra, deteniendo los cuatro vientos de la tierra, para que ningún viento sople sobre la tierra, ni sobre el mar, ni sobre ningún árbol.

Y vi a otro ángel que ascendía del lado del sol naciente y tenía el sello del Dios viviente; y clamó a gran voz a los cuatro ángeles, a quienes se les había dado poder para dañar la tierra y el mar,

Diciendo: No eches a perder la tierra, ni el mar, ni los árboles, hasta que hayamos sellado a los siervos de nuestro Dios en sus frentes.

Y oí el número de los sellados, y eran ciento cuarenta y cuatro mil sellados, de todas las tribus de los hijos de Israel.

De la tribu de Judá, doce mil sellados; de la tribu de Rubén, doce mil sellados; de la tribu de Gad, doce mil sellados;

De la tribu de Aser, doce mil sellados; de la tribu de Neftalí, doce mil sellados; de la tribu de Manasés, doce mil sellados;

De la tribu de Simeón, doce mil sellados; de la tribu de Leví, doce mil sellados; de la tribu de Isacar, doce mil sellados;

De la tribu de Zabulón, doce mil sellados; de la tribu de José, doce mil sellados; de la tribu de Benjamín, doce mil sellados.

Apocalipsis 7: 1-8

Esto es imposible para el hombre mortal, debido a la mezcla de ADN, no sería posible restaurar las tribus perdidas sin la intervención divina. Estas tribus permanecen casi puras en Afganistán, Pakistán, Cachemira y enclaves en India, ya que allí tienen la tradición de casarse entre parientes, pero en otras partes del mundo el ADN se mezcla, solo la intervención del Creador puede crear la esencia pura de tribus.

Como el ángel le habló a María sobre el nacimiento virginal de Yeshua: No es nada imposible para Dios. El mismo milagro que tuvo lugar en el nacimiento de Cristo les sucederá ahora a los 144.000 elegidos, porque son primicias divinas como Cristo fue y es.

La misión de los 144.000 es vital en Israel, es restaurar la unión de la nación israelita con el Padre, haciendo que la nación de Israel sea una con el Padre nuevamente. Luego predicarán a las tribus de Israel haciendo la misma restauración con la predicación, esta vez espiritual con el Mesías, Yeshua, a través de él uniendo a las multitudes de Israel esparcidas por el mundo con el Padre.

Gran parte de este milagro de reunir a las 12 tribus de Israel por la generación de los 144.000 elegidos se ha estado produciendo durante generaciones, el Eterno siempre envió a sus querubines para preparar el camino de los elegidos del Apocalipsis. Sin embargo, una parte necesita ser animada, tocada, cambiada, esto sucederá después del rapto de la iglesia, en el impacto posterior al rapto que aterrorizará al mundo entero.

El mundo estará aterrorizado por la desaparición de millones de personas en el mundo, pero entre los 144.000 elegidos, el terror por los hechos se convertirá en esperanza y virtud divina, porque el Ruaj del Eterno estará en ellos.

Durante este proceso posterior al rapto, los ángeles del Eterno descenderán sobre ellos creando la unidad, el Devekut. El Kadosh Ruach luego atraviesa el alma, actuando sobre lo físico, modificando el átomo, la célula, creando los 144.000 que serán inmunes a la muerte y al poder del Anticristo, logrando la inmortalidad en la vida, ya que nada puede tocarlos.

Y después de estas cosas vi cuatro ángeles de pie en los cuatro ángulos de la tierra, deteniendo los cuatro vientos de la tierra, para que ningún viento sople sobre la tierra, ni sobre el mar, ni sobre ningún árbol.

Y vi a otro ángel que ascendía del lado del sol naciente y tenía el sello del Dios viviente; y clamó a gran voz a los cuatro ángeles, a quienes se les había dado poder para dañar la tierra y el mar,

Diciendo: No eches a perder la tierra, ni el mar, ni los árboles, hasta que hayamos sellado a los siervos de nuestro Dios en sus frentes.

Y oí el número de los sellados, y eran ciento cuarenta y cuatro mil sellados, de todas las tribus de los hijos de Israel...

El mundo en este momento será guiado hacia las garras del Anticristo, pero los 144,000 elegidos no serán tocados, serán transformados y reunidos por los ángeles en un lugar en la tierra gloriosa, en Irak, allí serán atacados por el Dragón. él mismo, pero los ejércitos angelicales los protegerán y se mantendrán durante 3 años y medio en un refugio dimensional.

6 Y la mujer huyó al desierto, donde tenía un lugar preparado por Dios, para que allí fuera alimentada por mil doscientos sesenta días.

Apocalipsis 12.6

Esta mujer es Israel, pero la mujer de Apocalipsis 12 abarca tanto a la iglesia como a la nación israelita en su conjunto en dispensaciones, pero en esta huida al desierto donde estará escondida simboliza a los 144.000 elegidos que estarán ocultos a la vista de la serpiente durante 3 años y medio bajo la guardia de la Orden de Benjamín, una Orden Poderosa que protegerá a los 144.000 hasta su entrada en Sión.

A continuación, Apocalipsis 12 muestra el odio del Dragón que todavía tratará de destruir a los elegidos, aunque hayan recibido el sello de la inmortalidad.

Y a la mujer se le dieron dos alas de gran águila, para que pudiera volar al desierto, a su lugar, donde la retienen por un tiempo, y tiempos y medio tiempo, fuera de la vista de la serpiente.

Y la serpiente arrojó agua como un río de su boca, tras la mujer, para que la corriente se lo llevara.

Y la tierra ayudó a la mujer; y la tierra abrió su boca y se tragó el río que el dragón arrojó de su boca.

Y el dragón se enojó con la mujer y fue a hacer guerra contra el resto de su simiente, los que guardan los mandamientos de Dios y tienen el testimonio de Jesucristo.

Apocalipsis 12: 14-17

Al no poder atrapar a los 144.000, que estarán escondidos en un portal dimensional por la puerta del Edén, el

Dragón cazará a los que queden en el rapto y no acepten la marca de la bestia, el sello del proyecto 666, gran voluntad. Será la matanza en la tierra, pero los 144.000 estarán en refugio junto a la puerta del Edén. Por supuesto, habrá resistencia en la tierra comandada por la Orden de Benjamín y la tribu de Dan que quedará fuera de los 144.000 elegidos.

Hasta el final habrá guerra hasta que el Mesías regrese a la tierra en Harmagedon y pisotee a los hijos de las tinieblas.

CAP IX

LA DISPERSIÓN DE LOS ELEGIDOS

Este gran misterio paraliza la tierra, paralizará el planeta cuando reine el Dajjal o el Anticristo.

El Dajjal estará en el poder de destruir el planeta derribando a toda la especie humana, pero los 144.000 elegidos, 12.000 de cada tribu de Israel cambiarán esta historia y lucharán contra él uniendo a una gran multitud y sacándolo del corazón del mundo, Jerusalén.

El Dajjal será desterrado de Jerusalén y regresará para la guerra final, Harmageddon, reuniendo a todos los ejércitos de la tierra, cuyo número será como arena en el mar.

Los hijos de Abraham, israelíes, árabes y palestinos, que se unirán ese día, lucharán contra el mundo y cuando estén perdiendo a Yeshua vendrán en las nubes y lucharán contra los ejércitos de la tierra. Con el aliento de su boca serán exterminados los ejércitos de las naciones comandadas por el Dajjal. Los soldados del caos se pudrirán caminando, más de 200 millones de personas morirán en un día, como el aliento de la boca de Yeshua.

Esta será la batalla más grande de la historia, la matanza más grande del planeta y luego el reino milenario comenzará en Jerusalén y desde la ciudad santa al mundo, donde Yeshua reinará y los 144.000 serán los príncipes.

Pablo dijo que cuando el templo de los gentiles estuviera terminado, el templo de Israel vendría nuevamente, por lo que el Creador está sellando a 144.000 para predicar a la gran multitud de su pueblo.

El tiempo de los gentiles terminará con el rapto de la iglesia y luego comenzará el tiempo de los hijos de Abraham, israelitas y árabes.

La misión de los 144.000 será unir a estos pueblos durante la tribulación y rescatar a los dispersos de Israel alrededor del mundo, por supuesto que no solo se salvarán 144.000, serán millones, sino que los 144.000 serán príncipes que reunirán a los dispersos y pondrán a los cimientos del reino milenario.

Los 144.000 elegidos ya están en la tierra dispersa por todo el mundo debido a la dispersión de Israel.

En Brasil y Latinoamérica hay miles de ellos, por la dispersión que generó la Inquisición.

La Inquisición que fue una vergüenza para el pueblo de Israel se ha convertido en una bendición, al esparcir y esconder a los elegidos que serán sellados ahora, serán rescatados ahora.

El Eterno enviará a sus ángeles que tocarán el ADN de las 12 tribus, el ADN de los elegidos, despertándolo a su misión del fin.

El mundo espera ansiosamente el sonido de la séptima trompeta cuando los 144.000 sean sellados, ya que la humanidad está podrida por el pecado y los elegidos conducirán a los remanentes de la humanidad a la era de la luz mesiánica.

Se acerca el momento, los elegidos serán separados y tocados.

CAP X

EL ENCUENTRO DE LOS ELEGIDOS EN ISRAEL

Y guiaré a los ciegos por el camino que nunca conocieron, los haré andar por senderos que no conocieron; Haré de las tinieblas una luz delante de ellos, y enderezaré las cosas torcidas. Estas cosas les haré y nunca las abandonaré.

Los que confían en imágenes esculpidas se volverán y se avergonzarán, y dirán a las imágenes de fundición: Vosotros sois nuestros dioses.

Sordo, oye, y tú ciego, mira, para que veas.

¿Quién es ciego sino mi siervo, o sordo como mi mensajero, a quien yo envío? ¿Y quién es ciego como el perfecto y ciego como el siervo del Señor?

Ves muchas cosas, pero no las guardas; incluso si sus oídos están abiertos, no oye nada.

El Señor se agradó de él por causa de su justicia; lo engrandeció por la ley y lo engrandeció.

Pero este es un pueblo robado y saqueado; todos están atrapados en cuevas y escondidos en prisiones; son puestos en presa, y no hay quien los libere; por despojo, y nadie dice: Devuélveme.

Isaías 42: 16-22

El sufrimiento del pueblo de Israel es terrible, todo el mundo sabe lo que sufrió en el Holocausto, a manos de Stalin y la Inquisición, fue una masacre sin fin, un genocidio. El Eterno prestó atención a todo esto, vio todo lo que sufrió su pueblo. El Creador está listo para cambiar este cautiverio. Él tiene planes con el pueblo de Israel, hoy estamos en el tiempo de los gentiles, en el tiempo de la iglesia, pero pronto sucederá el tiempo de los hijos de Abraham y la suerte del pueblo de Israel cambiará.

El sufrimiento a lo largo de generaciones creó mucho dolor en el alma de la nación espiritual de Israel, no estoy hablando de la nación geográfica, sino de la nación espiritual, los israelitas se esparcieron por todo el mundo formando una Egregora invisible.

El hombre no puede ver este cuerpo espiritual de Israel, pero el Eterno está viendo...

Hoy el pueblo de Israel vive en cuevas, vive tortura, muerte. Cave hoy es en el sentido espiritual. La Inquisición en este asunto fue más poderosa que el nazismo para aplastar la conciencia espiritual de Israel y atrapar el alma del israelita en una cueva profunda.

Millones de descendientes de Israel ahora están atrapados en profundas cuevas, pero el sonido de la trompeta cambiará eso. El Señor tocará las trompetas, enviará 7 jerarquías de ángeles a tocar las trompetas y el pueblo se irá liberando, poco a poco, paso a paso.

Primero reunirá a 144.000 elegidos, 12.000 de cada tribu de Israel, estos elegidos estarán preparados durante 3 años y medio en Sion, mundo paralelo, fuera de la vista del Anticristo o Dajjal, y después de este período predicarán a la multitud de Israel por todo el mundo, disperso en los 4 rincones del planeta.

Y guiaré a los ciegos por el camino que nunca conocieron, los haré andar por senderos que no conocieron; Haré de las tinieblas una luz delante de ellos, y enderezaré las cosas torcidas. Estas cosas les haré y nunca las abandonaré.

Los que confían en imágenes esculpidas se volverán y se avergonzarán de vergüenza, y dirán a las imágenes de fundición: Vosotros sois nuestros dioses.

Sordo, oye, y tú ciego, mira, para que veas.

¿Quién es ciego sino mi siervo, o sordo como mi mensajero, a quien yo envío? ¿Y quién es ciego como el perfecto y ciego como el siervo del Señor?

Este ciego de hoy es todo israelita que vive en el sistema religioso que rompe los mandamientos divinos. El Eterno comenzará a cambiar los corazones de estos israelitas y comenzarán a despertar.

Se producirá un gran despertar de la casa de Israel en todo el mundo. Comenzará con los 144.000 elegidos que serán príncipes y sacerdotes y luego llegará a la gran multitud de israelitas esparcidos por todo el mundo. Los ídolos a los que se refiere Isaías no son solo la imagen tallada, también son las prisiones del sistema religioso que mantienen al hombre bajo control. Las mentiras que el sistema religioso creó en cada hombre.

Los 144.000 elegidos serán despertados en todo el mundo, emergerán de sus cuevas en las que fueron encarcelados por el sistema religioso hace siglos.

Se producirá un nuevo despertar con la casa de Israel.

El mundo temblará cuando el Creador comience a sellar a Su pueblo.

Será nuevamente como en el pasado cuando la gente se reunió en Yom Kippur, en la Fiesta de los Tabernáculos y en la consagración del templo de Salomón, cada animal, cada planta, se detuvo para observar la gloria del Señor sobre Israel.

Esta vez volverá y la tierra temblará.

Las tribus dispersas se reunirán.

CAP XI

NO CONTAMINAR CON MUJERES, ESO, EL SISTEMA RELIGIOSO

Las mujeres aquí no son físicas sino simbólicas, son religiones terrenales.

22 Cuando se encuentra a un hombre acostado con una mujer que tiene marido, ambos morirán, el hombre que se acostó con la mujer, y la mujer; así quitarás la maldad de Israel.

DEUTERONOMIO 22.22

En la Torá, el adulterio se castigaba con la muerte, el mismo sentido de pureza radical está en el Apocalipsis sobre los 144.000 elegidos. Juan revela en Apocalipsis que los 144.000 son vírgenes, no contaminados con mujeres. Algunos eruditos han dicho que será un ejército de adolescentes vírgenes, una gran tontería, el significado de esta virginidad es espiritual, los 144.000 elegidos no están contaminados con religiones terrenales. Son puros, incluso pueden estar en el ambiente religioso, pero no están contaminados con él.

La mayoría de las religiones de hoy se han convertido en un oficio, no predican el reino divino, solo predican bendiciones económicas, empleo, poder y coche cero. También profanaron la Torá predicando el servicio dominical y pisoteando el Shabat. Los 144.000 están en este medio, en medio de esta mezcla, de esta Babilonia religiosa que se desvió del Eterno, pero no se contaminan, pues son vírgenes. Aspiran a la justicia, al reino de lo ETERNO, todos los días el Ruach Kodesh les muestra el camino del Creador.

Están en el medio religioso, pero no son de este medio, un poder mayor los prepara. Incluso porque no son de la iglesia, son de Israel. La iglesia será salvada por misericordia, pero Israel está vinculado a la Torá, es una situación muy diferente.

Hay un pariente mío de 9 años que no come cerdo y cumple Shabat, muy extraño porque toda su familia está dedicada al paganismo, adoran imágenes y están en contra de la Torá, pero este niño puro ha sido separado y está listo para escucha el toque de trompeta.

Esto es tremendo, hay miles de ellos en el mundo, en total 144.000 elegidos están siendo preparados desde el útero.

La iglesia será salvada por misericordia, por el testimonio de Yeshua, pero Israel tiene que seguir la Torá, está ligada a la Torá, porque es pura, no está contaminada con las mentiras del sistema religioso que cambió el santo Shabat por el domingo solar pagano.

Los 144.000 están en medio de la Babilonia religiosa, pero no están dominados por ella, ya que un poder superior prepara a los elegidos para su misión.

El alma de los elegidos se prepara cada día hasta el sonido de la trompeta que los reunirá a todos en Irak, en la tierra santa de Abraham.

Allí pelearán la última batalla en este mundo podrido, contra Ha Satan, el padre de los reptiles.

Satanás está preparando su ejército para invadir la tierra. Ya está abriendo portales en el Mar Rojo para la gran invasión y apunta a los 144.000 elegidos.

CONCLUSIÓN

Los 144.000 electos ya están dispersos por la tierra, muchos están en Brasil y en toda América Latina, ya que el ADN israelí huyó aquí debido a la Inquisición.

El dolor de la Inquisición los hizo huir y con eso felizmente hoy hay millones, pero de estos millones con el ADN de Israel se elegirá un grupo de 144.000.

El propósito de este libro es hacer que el elegido encuentre el camino a través de la meditación, descubriendo qué es, qué vino a hacer en la tierra.

Solo medita, la luz está dentro de ti.

Si sintió la luz, envíeme un correo electrónico a elielroshveder@yahoo.com.br o un vatio al 47984867563.

Made in the USA
Middletown, DE
28 January 2022

59900717R00060